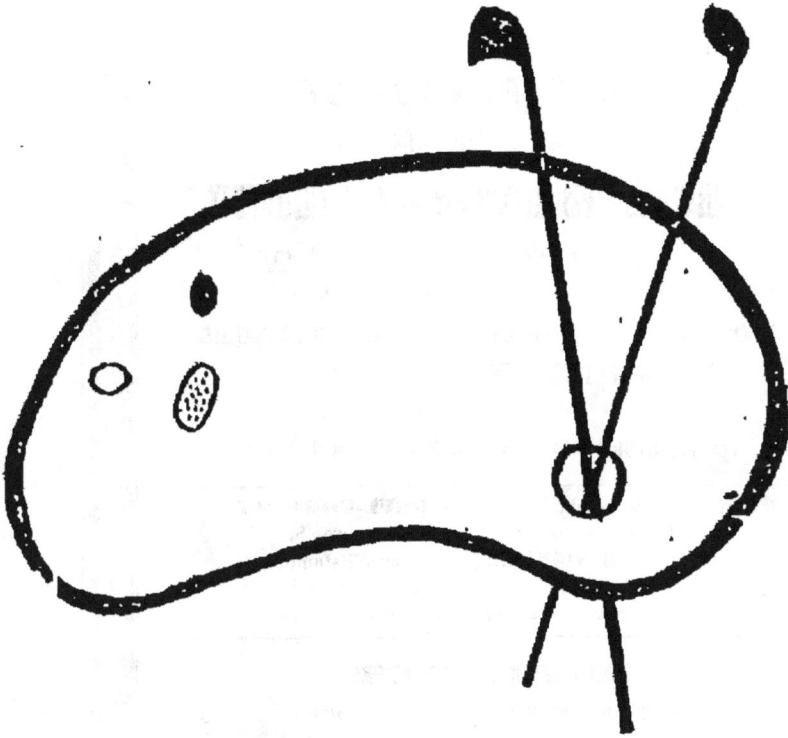

DEBUT D'UNE SERIE DE DOCUMENTS
EN COULEUR

CATALOGUE

DE LA COLLECTION

D'ESTAMPES

PRINCIPALEMENT

ÉCOLE FRANÇAISE

XVIIᵉ ET XVIIIᵉ SIÈCLES

PORTRAITS RARES ET CURIEUX

appartenant à M. L. C. [Lacombe]

DONT LA VENTE AUX ENCHÈRES PUBLIQUES AURA LIEU

HOTEL DES COMMISSAIRES-PRISEURS

RUE DROUOT, N° 5,

SALLE N° 3, AU 1ᵉʳ ÉTAGE

Les Vendredi 1ᵉʳ et Samedi 2 Mai 1857, à 1 heure.

Par le ministère de Mᵉ **DELBERGUE-CORMONT**,
Commissaire-Priseur, rue de Provence, 8,
Assisté de M. **VIGNÈRES**, marchand d'Estampes,
rue de la Monnaie, 13, à l'entresol; entrée rue Baillet, 1,
chez lequel se distribue le catalogue.

EXPOSITION DES ESTAMPES

Chaque jour de la vente, de midi à 1 heure.

PARIS

MAULDE ET RENOU

IMPRIMEURS DE LA COMPAGNIE DES COMMISSAIRES-PRISEURS
rue de Rivoli, 144.

1857

PORTRAITS EN BISTRE.

Collection de Portraits inédits ou rares de Personnages célèbres.

REPRODUITS NOUVELLEMENT PAR LA GRAVURE.

Publiés par VIGNÈRES, marchand d'Estampes,

Rue de la Monnaie, n. 13, à l'Entresol, entrée rue Baillet, n. 1.

ALBANY (Louise-Max. de Stolberg, comtesse d'),   Gravée par Varin.
AMOROS, colonel, fondateur de la gymnastique en France,   Id.
ARGOUT (Antoine-Maurice-Apollinaire, comte d'),   J. Porreau.
BABEUF (F.-N.-Gracchus), journaliste,   Id.
BARÈRE (Bertrand), de Vieuzac, conventionnel,   Id.
BEAUHARNAIS (comtesse Stéphanie de), poëte, romancière,   Sisco.
BERRUYER, général, commandant des Invalides,   J. Porreau.
BERTRAND DE MOLLEVILLE, marquis, ministre, littérateur,   Id.
BIÈVRE (marquis de), célèbre auteur de calembours,   Id.
BONJOUR (Casimir), auteur dramatique,   Id.
BOSSUT (Charles), mathématicien,   Id.
BRAZIER (Nicolas), auteur dramatique, d'après Marlet,   Id.
BRISSOT (J.-P.), de Varville, conventionnel,   Id.
CANCLAUX (J.-B. Camille, comte de), général, pair,   Id.
CAYLA (comtesse de), née Talon, d'après le bar. Gérard,   Massard.
COCHON, comte de l'APPARENT, conventionnel, ministre,   J. Porreau.
DEBUREAU, acteur des Funambules, Pierrot,   Id.
DE FERMONT (comte), député, conseiller d'État,   Id.
DEVIENNE, actrice, Théâtre-Français,   Normand.
DONADIEU, baron, général de division,   J. Porreau.
DORAT-CUBIÈRES PALMEZEAUX, poëte, auteur dramat.   Id.
DROZ (Joseph), littérateur, académicien,   Id.
DUCHESNE aîné, conservateur du cabinet des estampes,   Id.
DUCOS (Roger), avocat, constitut., 3e consul provisoire,   Id.
ELIE DE BEAUMONT, avocat au Parlement de Paris,   Devritz.
EMPIS (Adolphe), auteur dramatique,   J. Porreau.
EPAGNY (d'), poëte dramatique,   Id.
FABRE DE L'AUDE (comte), député, pair, littérateur,   Id.
FIÉVÉE (J.), littérateur, auteur dramatique,   Id.
FRÉRON (Louis-Stanislas), conventionnel,   Id.
FROCHOT, comte, préfet, député,   Id.
GARNERIN (A.-J.), inventeur du parachute,   Id.
GARNERIN (Élisa), aéronaute,   Id.

GAUDIN, duc de Gaëte, ministre des finances,   J. Porreau.
GENLIS (A. Brulard, comte de), cap. des gardes, convent.,   id.
GEOFFROY (J.-L.), critique, journaliste,   id.
GODOI (don Manuel), prince de la Paix,   Varin.
GOUFFÉ (Armand), chansonnier, vaudevilliste,   J. Porreau.
JOUFFROY (Théodore-Simon), professeur, académicien,   id.
JOUSSELIN DE LASALLE, homme de lettres.   J. Porreau.
KANT (Emmanuel), philosophe allemand.   Bracquemond.
LAINÉ (J.-B., vicomte), ministre et académicien,   J. Porreau.
LAMBALLE (princesse de), dess. d'ap. nature par Gabriel,   id.
LASOURCE (M.-David-Albin de), député du Tarn,   id.
MARAT, à la tribune, dess. d'après nature par Gabriel,   id
MARTIN (Louis-Aimé), littérateur,   id.
MAZÈRES (Edouard), auteur dramatique. In-8 et in-4.   id.
MESMER, auteur du magnétisme animal,   id.
MÉZERAI, actrice, Théâtre-Français,   Normand.
ORLÉANS, duc de Montpensier (Ant.-Philippe d'), 1775-1807. J. Porreau.
PERSUIS (L. Loiseau de), musicien, d'ap. Pierre Guérin,   id.
PETIET (Claude), député, ministre de la guerre,   id.
PHILIDOR (André-Danican), musicien, auteur du jeu d'échecs, id.
PIXERÉCOURT (Guilbert de), fac-simile, d'après J. Boilly, in 4. id.
PONGERVILLE (Sanson de), académicien,   id.
RAMEL-NOGARET, ministre des finances, préfet,   id.
REVEILLÈRE-LEPAUX, botaniste, théophilanthrope.   id.
ROBERT LINDET, député, conventionnel, ministre.   id.
ROMME (Gilbert), conventionnel.   id.
ROUGET DE L'ISLE, auteur de *la Marseillaise*, musicien.   Varin.
SAINT-HURUGE (marquis de),   J. Porreau.
SAINT-PRIX, acteur, Comédie-Française,   id.
SAINT-SIMON (Claude H., comte de), philosophe.   Perrot.
SILVAIN MARÉCHAL, poète et littérateur,   Devritz.
TALLIEN (madame), née Cabarus, d'après le baron Gérard,   Massard.
TREILHARD (J.-B., comte), député, ministre, etc.,   J. Porreau.
VADIER (A.), député aux États Généraux,   id.
VATOUT (J.), poète, académicien, bibliothécaire,   Varin.
VIGÉE (L.-G.-B.-E.), poète et auteur dramatique,   J. Porreau.
CARTOUCHE (Louis-Dominique), fameux voleur,   Lallemand.
MANDRIN (Louis), fameux contrebandier.   Delaistre.

Chaque portrait pouvant entrer dans un in-8 est tirée in-4.
Avec la lettre, papier blanc, 2 fr. ; papier de Chine, 1 fr. 25 c.
Avant la lettre, papier blanc, 1 fr. 50 c. ; papier de Chine, 2 fr.
Dont il n'est tiré que 20 épr. blanc et 5 Chine.

———

Afin de faciliter les recherches des amateurs de portraits, soit pour
les illustrations, soit pour les collections d'autographes ou autres, *un
Catalogue détaillé* de quelques collections de portraits qui peuvent se
trouver chez moi, classés par ordre alphabétique, sera remis aux per-
sonnes qui en feront la demande affranchie.

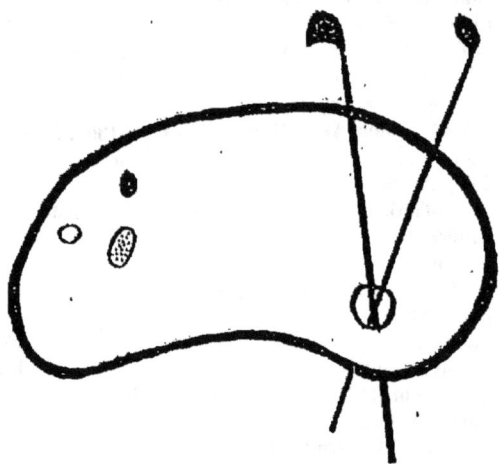

FIN D'UNE SERIE DE DOCUMENTS
EN COULEUR

CATALOGUE

DE LA COLLECTION

D'ESTAMPES

PRINCIPALEMENT

ÉCOLE FRANÇAISE

XVIIe ET XVIIIe SIÈCLES

PORTRAITS RARES ET CURIEUX

appartenant à M. L. C.

DONT LA VENTE AUX ENCHÈRES PUBLIQUES AURA LIEU

HOTEL DES COMMISSAIRES-PRISEURS

RUE DROUOT, Nº 5,

SALLE Nº 3, AU 1er ÉTAGE

Les Vendredi 1er et Samedi 2 Mai 1857, à 1 heure.

Par le ministère de Mᵉ **DELBERGUE-CORMONT**,
Commissaire-Priseur, rue de Provence, 8,
Assisté de M. **VIGNÈRES**, marchand d'Estampes,
rue de la Monnaie, 13, à l'entresol ; entrée rue Baillet, 1,
chez lequel se distribue le catalogue.

EXPOSITION DES ESTAMPES

Chaque jour de la vente, de midi à 1 heure.

PARIS

MAULDE ET RENOU

IMPRIMEURS DE LA COMPAGNIE DES COMMISSAIRES-PRISEURS
rue de Rivoli, 144.

1857.

ORDRE DES VACATIONS

VENDREDI 1er MAI.

Anonyme, à Lancret. . . . .   1 à 238.

SAMEDI 2 MAI.

Lantara, Watteau, à la fin. . . . .   239 à 461

On commencera à une heure précise.

—◁●▷—

M. VIGNÈRES, faisant la vente, se charge des commissions.

〜◁●▷〜

Au comptant.

Cinq pour cent en plus des enchères, applicables aux frais.

DESIGNATION

DES

ESTAMPES

1 **Anonyme.** Les Charmes de la vie champêtre.

2 **Anonyme.** Joli petit buste de femme coiffée avec poudre. Charmante eau-forte. Rare.

3 — *La Fontaine de St Innocent*, pièce curieuse, à l'eau-forte.

4 **Anonyme.** La Partie d'œuf frais, charmante pièce gracieuse en ovale. Costumes Louis XVI. Coloriée.

5 **Audran** (F.). La Mort de Saphire, d'ap. Poussin. Belle ép. rognée.

6 **Audran** (J.). Victor-Marie, comte d'Estrées, d'ap. Largillière.

7 — François-Robert Secousse, d'ap. Rigaud.

8 **Aveline.** Le Toucher. — La Belle femme de chambre. — 2 jolies p.

9 **Balechou.** Madame Aved filant avec un rouet. Superbe ép. marge d'un charmant portrait de femme.

10 **Bartolozzi.** Novembre et autre, 2 paysages.

11 — Angelica Kauffman, d'ap. Joshua Reynolds. Très-belle ép. avant la lettre. Beau portrait à la sanguine.

12 **Baudouin** (d'ap.). Les Soins tardifs, gravé par Delaunay. Superbe ép. avant la lettre, avant les armes, et avant que les ornements de la tablette soient changés.

13 — La même avec l. l. Très-belle ép.

14 — L'Épouse indiscrète, par Delaunay. Très-belle ép. marge.
Sujet gracieux dans un intérieur Louis XV.

15 — Le Lever, gravé par Massard. Superbe ép. avant la lettre d'une gracieuse composition dans un charmant intérieur Louis XV.

16 **Baudouin.** Le Lever, par Massard, — La Toilette, par Ponce. 2 charmantes pièces intérieur Louis XV. Belles ép.

17 **Baudouin.** Le Modèle honnête, par Moreau le jeune. Belle ép.

18 **Baudouin.** Le Coucher de la mariée, par Moreau le jeune. Très-belle ép. avant toutes lettres, avec les armes Très-riche intérieur de chambre à coucher.

19 — La même avec la lettre. Très-belle ép.

20 **Bazin.** D'ap. Corrége, Vierge, Jésus et saint Jean, pièce ronde. Belle ép.

21 **Beljambe.** D'ap. Leroy, Coucou. Superbe ép., marge.

22 **Bervic.** D'ap. Lépicié, le Repos. Très-belle ép. marge.

23 — Éducation d'Achille, d'ap. Regnault. Très-belle ép.

24 — Gab. Senac de Meilhan, d'ap. Duplessis. Très-belle ép., marge d'un beau portrait.

25 **Biessel**. D'ap. Rubens, Élisabeth de Brantes, première femme de Rubens.

26 **Blooteling**. Vieillard tenant une médaille. Très-belle ép. manière noire.

27 **Boilly** (d'ap.). Ça ira. — Ça a été. 2 p. gracieuses. Belles ép.

28 **Boissieu**. La Leçon de botanique. — Le Joueur de clarinette et les petits bergers. 2 p.

29 — Son portrait par lui-même, tenant un paysage.

30 — La Grande forêt. Ép. chine.

31 **Boizot** (MARIE L. A.). 1780. Madame Élisabeth, sœur du Roi, beau portrait de profil.

32 **Bolswert** (S. A). Concert de famille, d ap Jordaens. Très-belle ép.

33 **Bonnet**. D'ap. Beaulier, Toilette du matin, gracieuse p. à la sanguine et tête. 2 p.

34 — Samson chez Dalila, d'ap. Van Dyck, pièce gravée en couleur, curieuse pour l'exécution. Rare.

35 — Madame la comtesse Du Barry, d'ap. Drouais Portr. grandeur naturelle à la sanguine.

36 — Louis XV, d'ap. Vanloo. Portr. grandeur naturelle, sanguine.

37 **Bonnet**. L'Éventail cassé. — L'Amant écouté. Charmantes scènes d'intérieur, sujets gracieux, costumes Louis XVI. 2 p. gravées en couleur.

38 **Bonnet**. La Dormeuse, bacchante dormant près de fruits et tambour de basque. Superbe ép. gravée en couleur marge.

39 — L'Amour fait l'offrande de son cœur à Vénus. Superbe ép. gravée en couleur marge.

40 **Bosse**. Le Barbier. — La Saignée, l'atouchement, etc. 4 p.

41 — Le Bal, avant la lettre, pièce avec des costumes superbes.

42 **Boucher** (d'ap.). Pièces diverses et par Huquier, 6 p.

43 — *Aliamet*, La Bergère prévoyante, avant la dédicace.

44 — *Aveline*. Flore et l'Amour. Belle ép.

45 — — Le Trébuchet. — La Musique. 2 p.

46 — *Beauvarlet*. L'Amour enchaîné par les Grâces. Jolie pièce rare.

47 — *Bonnet*. Groupe de trois amours à la sanguine. Fac-simile de dessin.

48 — *Cars*. Vignettes in-4° pour Molière. 13 p.

49 — *Daullé*. Les Plaisirs de l'été. — Les Délices de l'automne. 2 p

50 — — Vénus et l'Amour. Rare.

51 — — Les Charmes du printemps.

52 — — Les Amusements de la campagne. — La musique pastorale. 2 p.

53 — — Naissance et triomphe de Vénus. Jolie p. rare.

54 — *Demarteau*. Pièces gracieuses gravées en couleur. 3 p.

55 — — Sujets à la sanguine. 10 p. Pourra être divisé.

56 — *Duflos*. Les Quatre éléments représentés par des groupes d'enfants. 4 p.

57 — — L'Enlèvement d'Europe. Belle ép. Le titre coupé.

58 — Les Amours pastorales. 2 belles p.

59 — *Fessard*. Les Bergers à la fontaine. Belle ép.

60 — *Gaillard*. Le Goûter de l'automne. Très-belle ép.

61 — — La Fécondité. Belle ép. toute marge.

62 — — Silvie délivrée par Aminte. Belle ép., marge.

63 — — Jupiter et Leda. Belle ép. marge.

64 — *Huquier*. Fête à Bacchus. Jolie p. d'enfants.

65 — *Janinet*. L'Amour rendant hommage à sa mère. Gravée en couleur.

66 — *Larmessin*. La Courtisane amoureuse.

67 — *Laurent*. Le Pasteur galant. — Le Pasteur complaisant. 2 p. Très-belles ép.

68 — *Lempereur*. Les Présents du berger.

69 — *Lépicié*. Le Déjeuner. Jolie pièce.

70 — — La Vie champêtre.

71 — *Miger*. La Blessure sans danger.

72 — *Pasquier*. — Elle mord à la grappe. — De trois choses en ferez-vous une ? 2 p. très-belles.

73 — *Petit*. Le Midi. — La Dame réglant sa montre.

74 — *Ryland*. Les Grâces au bain.

75 — *Saint-Aubin*. Vertumne et Pomone.

76 — *Saint-Non*. L'Amour et Psyché soutenus par des amours. Fac-simile ovale.

77 — *Soubeyran*. La Belle villageoise.

78 **Boulanger**. D'après Raphaël, la Vierge aux œuillets. Superbe ép.

79 — Saint Jean-Chrisostome, d'ap. Chauveau.

80 **Bonnieu** (d'ap.). L'Espoir d'un heureux jour, gravé en couleur par Marin, charmante dame qui vient de se lever et regarde un bonnet avec fleurs et plumes, costume Louis XVI.

81 **Callot**. Le Bénédicité. — La Carrière, etc. 4 p.

82 **Caresme** (d'ap.). Le Satyre impatient, par Anselin.

83 **Carmona** (S.). Franç. Boucher, peintre. Très-belle ép. du meilleur portrait, d'ap. Roslin.

84 **Carrache** (Aug.). Portrait de Titien.

85 **Cathelin.** Port. de Grétry, d'ap. Madame Le Brun. — Joseph Vernet, d'ap. Vanloo. 2 p.

86 **Chardin.** La Gouvernante. Très-belle ép. de la première planche.

87 — La Gouvernante. Ép. grande marge de la seconde planche.

88 — La Petite Fille au passe-passe. — *Simple dans mes plaisirs*, etc., par Cochin. Superbe ép., marge. Rare.

89 — Le Chat au fromage, par Dupin. Rare.

90 — Les Osselets. — Les Bouteilles de savon. 2 p. par Filleul. Belles ép. marge.

91 — Le Bénédicité.

92 — La Toilette du matin. — Le Bénédicité. 2 p.

93 — La Pourvoyeuse.

94 — La Ratisseuse, écureuse, gouvernante. 3 p.

95 — La Bonne mère, par Charpentier. Toute marge.

96 **Charlet.** Le Premier et le second coup de feu. 2 p.

97 **Chereau** (le jeune). Madame de Sabran causant avec un oiseau. Joli portrait, d'ap. Vanloo.

98 — Madame de Sabran en déshabillé, tenant un pigeon. Belle ép., marge, d'ap. Vanloo.

99 **Chereau** (F.). Nicolas Delaunay, directeur de la monnaie des médailles, etc., d'ap. Rigaud. Très-belle ép.

100 — Eusèbe Renaudot, académicien, d'ap. Ranc. Très-belle ép.

101 **Chevillet.** Siméon Chardin, peintre. Superbe ép. avant la lettre d'un portrait très-rare en cet état.

102 **Chrétien.** Madame Roland de La Platière, charmant petit portrait au physionotrace. Très-rare.

103 **Claussin.** Portrait de Schmidt, graveur, d'ap. lui-même. Superbe ép. chine volant, marge.

104 **Claussin**. Les Vieux amateurs, d'ap. Wille fils. Superbe ép. avant toutes lettres, marge.

105 **Cochin**. Louis XV et M. le duc d'Antin à la cascade de Trianon, pièce historique, d'ap. le dessin d'ap. nature de Martin. Rare.

106 — (d'après), Chauvelin, Duchange, Hallé, Jombert, Vanloo, 5 portraits.

107 **Cossin** (L.). Jacques de Soleysel, écuyer.

108 — Du Clos? médecin. Rare. Très-belle ép.

109 **Courtin** (d'ap.). Iris accorde sa voix, etc., par Haussard.

110 **Coypel** (d'ap. A.). Vertumne et Pomone, par Vermeulen.

111 **Coypel** (d'ap. Ch.). Le Printemps, l'Été, l'Automne. 3 jolis bustes de femmes, par Ravenet.

112 — Éducation sèche et rebutante donnée par une prude. Pièce rare, par Desplaces.

113 — La Tunique de Joseph, par F. de Poilly.

114 — L'École des femmes, par Joullain. Très-belle ép. marge.

115 **Dalen** (C. Van). François Deleboe, médecin. Très-belle ép.

116 — Qua patet orbis, joli petit portrait d'un chevalier de Malte. Très-belle ép.

117 **Daullé**. H. F. d'Aguesseau, chancelier, d'ap. Vivien, à l'âge de 35 ans. — Diogène. 2 p.

118 — J. F. de Chastenet de Puységur. Sup. ép. avant la lettre, grande marge, d'un très-beau portrait.

119 — Catherine Mignard, comtesse de Feuquière, en Muse soutenant le portrait de son père.

120 — Mlle Pélissier, danseuse. Belle ép. rognée.

121 **Debucourt**. Les Visites. — L'Orange. Pièces très-curieuses pour les costumes, publiées le 1er jour du XIXe siècle. 2 p.

122 — d'ap. H. Vernet, 1814. Louis XVIII. Portrait rare.

123 **Delflus** (W.). Henri, comte de Bergh, etc.

124 — Élizabeth de Bohême, reine.

125 — Ernest Casimir, comte de Nassau.
Ces 3 portraits, d'ap. Mireveldt.

126 **De Marrenay** (A.). La Dame à la plume. Sup. ép. avec le petit paysage au bas.

127 — La même, avec le titre la Dame aux perles. Très-belle ép. avec les raies pour former le fond carré; la planche étant coupée, le petit paysage n'y est plus.

128 — Henri IV. — Sully. Deux très-belles ép., marge.

129 — Le Président de Thou. Sup. ép., marge.

130 — Bayard. — Charles VII. — Van Dyck. Trois belles ép. Pourra être divisé.

131 **Desplaces**, d'ap. Herault. Portrait de François Silvestre, maître de dessin de Philippe V.

132 **Desportes** (d'ap.). Chasse au loup, par Joullain.

133 **Desrochers**. Anne-Jules de Noailles, maréchal. Sup. ép. d'un joli port. in-4, d'ap. de Troy.

134 **De Troy** (d'ap.). Jeune dame prenant le café, par Chereau. Belle ép. d'une jolie p.

135 **Dixon**, d'ap. J. Reynolds. Élizabeth, comtesse de Pembroke, et lord Herbert. Sup. ép.

136 **Dolendo** (Zacharie). Jésus devant Pilate. — Jésus frappé de verges. 2 p. Belles ép.

137 **Drevet**. Robert de Cotte, architecte, intendant des bâtiments, d'ap. Rigaud.

138 — Cardinal Dubois, archev. de Cambrai.

139 — Louis XV assis, en manteau royal.

140 — Présentation au Temple, d'ap. L. de Boulogne.

141 **Duchange**. François Girardon, sculpteur, né à Troyes, d'après Rigaud. Sup. ép., toute marge.

142 **Duflos**. Th. Corneille. — Sophie-Dorothée de Brunswick-Lunebourg. — J. F. P. de Bonne de Créquy, duc de Lesdiguières. Trois port.

143 — Jean-François-Paul de Gondy, cardinal de Retz. Belle ép.

144 **Dujardin** (K.). Animaux. 11 p.

145 **Dupuis**. Le Repos, d'ap. Colson. Très-belle ép. marge.

146 — Buste d'homme en chapeau, d'ap. Rembrandt.

147 — Nicolas de Largillière, peintre, d'ap. Geulain. Sup. ép., toute marge.

148 — Ph. Wouwermans, peintre, d'ap. Vischer. Très-belle ép.

149 **Dyck** (d'ap. Van). Don Alvarès Bazan, par Pontius. — Henriette de Lorraine, par Galle. — Simon Vouet, peintre. Trois port.

150 — (attribué à). Le Christ mort sur les genoux de la Vierge. Eau-forte.

151 **Edelinck** (G.). Saint Jérôme. Jolie petite pièce d'ap. Ph. de Champagne. Belle ép.

152 — Robert Arnauld d'Andilly, d'ap. Ph. de Champagne. Très-belle ép., marge. — 2e état avant la planche réduite. R. D. 142.

153 — Ant. Franç. de Bertier, évêque de Rieux. Sup. ép. R. D. 148.

154 — Louis, duc de Bourgogne. R. D. 158. Très-belle ép. glomisée.

155 — Ph. de Champagne, peintre. R. D. 164.

156 — Ferdinand, évêque de Paderborn. R. D. 202. 1er état.

157 — F. H. de Montmorency-Luxembourg. R. D.
263. Sup. ép.

158 — Israël Silvestre, avec la vue de Paris. R. D.
319.

159 **Edelinck** (Nic.). Cardinal Jules de Médicis.
— Le Jeune homme aux mains. Deux port. d'ap.
Raphaël.

160 **Eisen** (d'ap.). Le Jour. — La Nuit. Deux charmantes pièces avec costumes Louis XVI. Belles ép.

161 **Falck** (J.). Gabriel Oxenstiern, d'ap. Beck.
Très-belle ép.

162 **Ficquet**. Poquelin de Molière, d'ap. Coypel.

163 — J. B. Rousseau. Très-belle ép.

164 — Corneille. — Crébillon. Deux portraits.

165 **Folo** (J.). Béatrice Cenci. Joli port., d'ap.
Guido Reni.

166 **Fragonard** (d'ap.). La Bascule, par Beauvarlet.
Belle ép.

167 — La Bonne mère. — La Fontaine d'amour. 2 p.

168 **Freudeberg** (d'ap.). Le Négociant ambulant.
— Le Soldat en semestre, par Ingouf jeune. 2 p.
Très-belles ép.

169 **Frey** (J. de). Cornelis van Dalen. — Gérard Dou
et autre. Trois port. Belles ép.

170 **Galle** (C.). M. Biorenklau. — J. T. Caspais. —
G. Ulrich. — J. Vulteius, etc. Sept port.

171 **Gaucher** (C. S.). *Anacréon*. Portrait avec
attributs et entourés de pampres et de raisins.
Très-belle ép. in 4, marge.

172 — Mme *Briquet* (Fortunée), née à Niort, 1788.
Sup. ép. d'un joli portrait.

173 — *Buffon*. Sup. ép. avant la lettre, la tablette
blanche. Charmant petit portrait d'une grande
finesse.

174 — *Cailhava* (J. F.). Charmant portrait. Très-belle ép.

175 — *Diderot*, d'ap. Greuze. Sup. ép. avant la lettre, la tablette blanche, marge.

176 — Mme la comtesse *Dubarry*, d'ap. Drouais. Gracieux petit portrait dans une couronne de roses. Très-belle ép. d'un des chefs-d'œuvre du maître.

177 — *Gravelot*, d'ap. Latour. Charmant petit portrait du fécond et gracieux dessinateur.

178 — *Henault* (Ch. J. Fr.), président, académicien. Très-belle ép.

179 — *Joseph II*, d'ap. Moreau jeune. Charmant petit portrait d'une grande finesse.

180 — *La Rochefoucauld*, d'ap. Petitot. Charmant petit portrait avant la lettre, la tablette blanche.

181 — *Louis* Auguste, dauphin (Louis XVI). Joli portrait entouré de lis et de roses. Très-belle ép.

182 — *Marie-Antoinette*, d'ap. Moreau jeune. Gracieux petit portrait d'une grande finesse. Belle ép.

183 — *Racine* (Jean). Sup. ép. avant la lettre.

184 — *Sicard* (Roch-Amb., abbé). Belle ép. du meilleur portrait du personnage.

185 — *Soret* (J. S.), avocat, censeur, de l'Académie de Nancy. Très-belle ép. d'un très-joli petit portrait.

186 **Gaultier** (L.). Henri de Bourbon, prince de Condé, à l'âge de 16 ans. Sup. ép. d'un charmant port., rare.

187 — Pierre de Ronsard, prince des poëtes. Très-belle ép. d'un beau port. (attribué à L. Gaultier). Rare.

188 **Gole** (J.), 1714. Pasquier Quesnel, Port. rare, en manière noire. Belle ép., toute marge.

189 **Goupy**, d'ap. Salvator Rosa. Paysage.

190 **Gravelot** (d'ap.). Le Lecteur, par Gaillard. Très-belle ép.

191 **Greuze**. Son Portrait. — La Cruche cassée. — La Vertu chancelante. 3 p. lithog.

192 — *Beauvarlet*. La Maman et le Père aveugle, par Cars. 2 p.

193 — *Cars*. Ne l'éveille pas. Belle ép.

194 — *Ingouf*. La Petite fille au capucin. — L'Enfant au chien. 2 p.

195 — — etc. Le Tendre désir et pendant. 2 p.

196 — *Janinet*, etc. Têtes d'études à la sanguine. 5 p.

197 — *Levasseur*, etc. Le Petit polisson, et autres. 5 p.

198 — *Lucien*. Le Petit frère. — La Petite sœur. 2 p. à la sanguine.

199 — *Malœuvre*. L'Enfant donnant sa soupe au chien, et pendant. 2 p.

200 — *Moitte*. Le Donneur de sérénade. Très-belle ép.

201 — *Moreau* jeune. L'Heureux ménage. Avant l. l.

202 — — La Bonne éducation. Très-belle ép.

203 — *Varin*. L'Oiseau mort. — La Pelotteuse de fil. 2 p. à la sanguine.

204 — La Mère bien-aimée. — Le Gâteau des Rois. — 2 grandes p. anciennes. Ép. signées au dos.

205 **Guelard** (J. B.), d'ap. Jac. de Lyon. La Marmotte, avec dix vers piquants au bas. Belle ép., marge.

206 **Hemery**. Le Repos du plaisir, d'ap. Cignani. Très-belle ép.

207 **Houbraken** (J.). Romein de Hooghe. — Nicolas Verkolje. Deux port.

208 — Jean Barbeyrac. Très-belle ép., toute marge.

209 **Huet** (d'ap.). Chemise à la reine. — Les Échasses. — Le Coq secouru, par Bonnet. 3 p.

210 — Pastorales très gracieuses, gravées en couleur par Demarteau. 3 p.

211 **Isabey**. Portrait de dame (comtesse d'Osmond?). — Portrait d'homme. 2 lithog.

212 **Janinet**, d'ap. Challe. Les Espiègles. Sup. ép. Pièce en couleur très-gracieuse.

213 **Jeaurat**. La Belle rêveuse. — La Servante. 2 p.

214 — Le Goûter, par Balechou. Belle ép.

215 — La Coiffeuse, par Sornique. Belle ép., toute marge.

216 — L'Éplucheuse de salade. -- Mari jaloux. — Servante congédiée. 3 p.

217 **Jouvenet** (d'ap.). Elévation en croix, par Desplaces.

218 — Saint Bruno. — Andromaque. 2 p.

219 **Kilian** (B.). J. M. Christel. — Ch. Pfautz. — G. Winctler. — Jean Volckamer. Quatre port. Pourra être divisé.

220 **Klauber**. Ch. G. Allegrain, sculpteur. Très-belle ép.

221 — Carle Vanloo, peintre. Sup. ép., toute marge.

222 **Kraus** (d'ap.). La Gaieté sans embarras, par Levasseur.

223 **Lancret**. M. Thomassin et Mlle Sylvia dansants, gravé par Cars. Sup. ép. d'une très-jolie petite p. Rare.

224 — Dans cette aimable solitude, et Dame à sa toilette. 2 p.

225 — Cars. Mlle Camargo. Belle pièce.

226 — Joullain. Les Agréments de la campagne. — Le Plaisir pastoral. Deux belles ép.

227 — *Larmessin*. Le Midi. — L'Après-Dînée. — La Soi-
rée. 3 p. Belles ép.

228 — — Le Jeu de cache-cache mitoulas. — Les Quatre coins. 2 p. Belles ép.

229 — — Les Quatre Saisons, en travers. 4 p. Belles ép.

230 — — Les Amours du bocage. — L'Adolescence.
2 p.

231 — — La Servante justifiée et autres. 4 p.

232 — *Lebas*. Conversation galante.

233 — *Moitte*. Partie de plaisir. Pièce historique. C'est,
dit-on, Philippe d'Orléans, *le gros*, au repas de réunion de la société des bonnets de cotons. Belle ép.,
marge. Rare.

234 — *Schmidt*. La Belle Grecque, avant Crépy.

235 — *Scotin*. L'Ocasion fortunée. Jolie pièce.

236 — *Tardieu*. Le Berger indécis. Belle ép., marge,
d'une des plus rares pièces du maître.

237 — — L'Air. — L'Eau. — La Terre. 3 p.

238 — — Le Printemps. — L'Été. — L'Automne. 3 p.

239 **Lauttara** (d'ap.). Le Mal sans remède, par E. Cla-
ris. Belle ép. d'une p. rare.

240 **Larmessin**. Louis XV en pied, d'ap. Vanloo.

241 — Cath. Opalinska, reine de Pologne, d'ap.
Vanloo. Portrait en pied, rare, beau costume.

242 — Guil. Coustou, de Lyon, sculpteur.

243 — Turenne, d'ap. Meissonier. Très-belle ép.

244 **Lasne** (Michel). Callot, artiste lorrain. In-8.

245 — Pierre Corneille. Très-belle ép. d'un petit portrait. Rare.

246 — J. Davy Du Perron. Très-belle ép.

247 — J. F. Niceron des frères mineurs. Rare.

248 **Lawreince** (d'ap.). L'Heureux moment, gravé
par Delauney. Sup. ép., la tablette blanche, avant
la dédicace.

249 — Le même, avec la lettre. Sup. ép.

250 — La Comparaison. Pièce très-gracieuse, gravée en couleur, par Janinet, 1786. Belle ép.

251 — L'Aveu difficile. Charmante pièce, gravée en couleur par Janinet, 1787. Belle ép.

252 — La Soubrette confidente, gravée par Vidal. Très-belle ép. avant la dédicace.

253 — La même. Très-belle ép. avec l. l., grande marge.

254 **Le Bas**, d'ap. Téniers. Guinguette. — Retour. — Moisson. — Jeu de boule. 4 p.

255 **Le Blond**, *exc.* Galerie Farnèse, d'ap. An. Carrache. Cahier de 40 pl. in-fol.

256 **Lemire.** Lafayette en pied, près de son cheval.

257 — Joseph II. Charmant petit portrait, qui peut être regardé comme un bijou pour sa finesse, ainsi que pour sa petitesse.

258 **Le Moine.** (d'après). Iris entrant au bain. Très-belle ép.

259 — Hercule filant aux pieds d'Omphale, et pendant. 2 p.

260 — Jacob et Rachel, par Cochin.

261 **L'Empereur.** L'attente du plaisir, d'ap. Carrache.

262 **L'Enfant.** Jacques de La Mothe Houdancourt, command. de Troyes et Beauvais. Très-belle ép.

263 **Le Pautre** (Jean). Son portrait par lui-même, pour titre du livre de portraiture. Rare.

264 **Leprince.** La Vertu au cabaret. — La nourrice, et autres. 4 p.

265 — *Demarteau.* La Dormeuse, etc. 3 p.

266 — *Helman.* Le Médecin clairvoyant. Très-belle ép. marge.

267 **Letellier**, d'ap Imbert. La Curieuse. Intérieur de chambre à coucher. Belle ép.

268 **Leu** (Thomas de). Jeanne de Cocesme, princesse de Conty. Très-belle ép , marge.

269 — Henri IV, coiffé d'un chapeau avec aigrette, riche costume. *Ce monarque françois tout grave de victoire.* Très-belle ép. d'un portrait rare.

270 — Louis de Lorraine, card. de Guise. Marge.

271 — Philippe II, roi d'Espagne. Marge.

272 **Lochon** (R.). Jacques Auguste de Thou, président au Parlement. Beau portrait, d'ap. Dumoustier.

273 **Loir**. Jean-Léonard Secousse, secrétaire du prince de Dombe, d'ap. Rigaud.

274 **Lombart**. Comtesse, d'ap. Van Dyck. Sup. ép., le titre est coupé.

275 **Louterbourg**. Tranquillité champêtre. Très-belle ép. avec le titre. Marge.

276 **Lutma** (J.). Hooft poête. — Vondel musicien. — Jean Lutma graveur. 3 portraits gravés au maillet

277 **Macret** 1789. Marie-Antoinette à mi-corps. d'ap. Mᵐᵉ Lebrun. Belle ép., marge.

278 **Mallery** (C. de). Chalvet traducteur de Sénèque, 1604. Très-belle ép. d'un beau portrait.

279 **Masson**. Louis Abelly, évêque de Rhodez. Belle ép. R. D. 8.

280 — Marin Cureau de la Chambre, médecin du roi. Belle ép. avant l'adresse de Desrochers. R. D. 24.

281 — Pierre Dupuis, peintre de fleurs. R. D. 25.

282 — André Le Nostre. Belle ép. R. D. 55.

283 **Mellan** (Cl.). Confucius. — Naudé. — A. M. Vaiani. 3 portraits.

284 — Claude de Marolles. — Saint Bonnet de Toiras. 2 pièces.

285 — Louis d'Orléans. Belle ép.

286 **Meyer** (C). Calvin. — Erasme. — Luther. 3 bons portraits.

287 **Moreau** le jeune. Le Baiser dans le bosquet, par Lemire. Belle ép., marge.

288 — David et Bethzabée, d'ap. Rembrandt.

289 — Le Festin royal à l'Hôtel-de-Ville, 21 janvier 1782. Ép. avant le titre, magnifique réunion de costumes.

290 — Bal masqué à l'Hôtel-de-Ville, 21 janvier 1782. Ép. avant le titre. Très-belle.

291 **Morin.** Michel Le Tellier. R. D. 76. — Henri de Guise. 2 portr.

292 — François de Villemontée. R. D. 76.

293 — Antoine Vitré, imprimeur. Sup. épr. avant toutes lettres, état inconnu à M. Robert Dumesnil, 88.

294 **Moyreau** d'ap. Watteau, J. B. Rebel), musicien de l'académie. Rare.

295 **Muller** J. B. M. Pierre, peintre à l'âge de 18 ans. Très-belle ép.

296 — Mad. L. Elisabeth Vigée Lebrun.

297 **Nanteuil** (R.). F. de Vendôme, duc de Beaufort. R. D. 33. Sup. ép. 1er état avec l'adresse de Leblond.

298 — Nicolas Fouquet, surintendant des finances. Ép. avant dernier état. R. D. 98.

299 — Louis XIV. R. D. 153. 1er état. Rogné.

300 — Hardouin de Perefixe, archev. de Paris, précepteur de Louis XIV. R. D. 213. Très-belle ép.

301 **Northcote** (d'après). Jeune dame faisant l'aumône à un garçon qui a un singe, par Ward.

302 **Notnagel**. La Mère qui donne la bouillie. — Le fumeur. — Tête de jeune seigneur. 3 jolies eaux-fortes.

303 **Ostade**. Le Goûté. B. 50. Pièce capitale du maître.

304 **Oudry**. Le chevreuil forcé. R. D. 2. — Le Renard vaincu, 3. — Le Loup aux abois, 4. — 3 p. Belles ép.

305 — (D'après). La chasse au cerf, par Sylvestre.

306 **Ozanne** (M. J.). Vue d'une partie de la ville et du port de Calais. Belle ép. Marge.

307 **Parrorel** (J.). Circoncision (27). Un ange advertit saint Joseph de s'enfuir en Egypte (30). Jésus revient d'Égypte (34). 3 p.

308 **Pater** (d'ap.). La danse. — Colin-Maillard. 2 p. par Filleul.

309 — L'Orchestre de village par Ravenel.

310 — Le Baiser donné. — Le baiser rendu. 2 p.

311 **Pesne** (J.). d'ap. Van Dyck. Portrait de Langlois.

312 **Petit**. Saint Vincent de Paul, bon portrait d'ap. S. François. Marge.

313 — L'Après-dînée. — La Dame à la promenade, c'est le portrait de Mlle Sallé gracieusement coiffée d'un chapeau avec rose; elle tient un oiseau dans ses mains. Belle ép. rare.

314 — Marie Gab. L. de la Fontaine Solare de la Boissière, charmant portrait d'ap. La Tour. Belle ép.

315 **Phillips**, d'ap. Parmesan. Sainte-Famille. Sup. manière noire, avant la lettre. Marge.

316 **Picart** (B.). Tête de Christ, d'ap. Rembrandt. Manière noire.

317 **Pierre** (d'après). Le Savoyard. — La Savoyarde. 2 p. par Larmessin.

318 **Pitau** (N.), 1663. Benjamin Prioli, historien. Très-belle ép. grande marge.

319 **Poilly**. Saint Charles Borromée donnant la communion aux pestiférés de Marseille, d'après Mignard.

320 **Pompadour** (Mme de), pierres gravées. Henri IV. — Louis XV. — Romains. 4 p. rares d'ap. Guay et Vien.

321 **Porporati**. La mort d'Abel. — Les Canadiens, par Ingouf. 2 p.

322 **Prud'hon** (d'après). Le cruel rit des pleurs qu'il fait verser. — L'égratignure. 2 p.

323 **Prud'hon** fils (J.). Portrait de Prud'hon étant jeune. Charmant portrait. Belle ép. Rare.

324 **Raoux** (d'ap.). Oiseau pour t'échapper des mains de cette belle, par Dupuis. Belle ép., marge.

325 **Regnault**. Ah! s'il s'éveillait. Très-belle ép., marge.

326 **Rembrandt**. Jolies eaux-fortes diverses. 27 p.

327 **Reynolds**. Dame anglaise, d'ap. Lawreince.

328 **Rigaud** (J.). La Peste de Marseille et vue de Versailles. 2 p.

329 **Rivalz** (B.). Portrait de J. P. Rivaltz, architecte.

330 — Port. d'Ant. Rivaltz, peintre.

331 **Roullet**. Cæsar, cardinal Rasponus.

332 — Henri, marquis de Beringhen.

333 **Rousselet**. Jean de La Haie, cordelier parisien.

334 **Ruotte**. Mariage samnite. — Lendemain des noces. 2 p.

335 **Saenredam**. Charles van Mander, peintre, d'ap. Goltzius. B. 101.

336 **Savart**. Jean Racine. Belle ép.

337 **Schenau** (d'ap.). Le Repas convoité. — L'Innocence vengée. 2 p.

338 **Schmidt** (G. F.). Jean Bernouilly. Beau port. Belle ép. Jacobi, 54.

339 — Frédéric III, roi de Prusse. Belle ép. J. 55.

340 — A. F. Prevost, aumônier du prince de Conti. Sup. ép., marge. J. 61. Très-beau port.

341 — J. Th. Eller, savant. Très-belle ép. J. 73.

342 — Nicolas Esterhazy. J. 78. Très belle ép., grande marge. Jacobi dit ce portrait d'une extrême rareté.

343 — Buste d'Oriental. J. 114. Belle ép.

344 — Buste d'homme de moyen âge. J. 118. Belle ép. Marge.

345 — La Vieille, dite la Pouilleuse. J. 119. Belle ép.

346 — Vieillard à moustache. J. 121. Belle ép., marge.

347 — Portrait d'un jeune seigneur. J. 124. Superbe ép. Marge.

348 — Le Père de la fiancée réglant sa dot. J. 129. belle ép.

349 — Mme Schmidt en couseuse. J. 135. Belle ép. Marge.

350 — Mme Schmidt de profil. J. 136. Belle ép. Marge.

351 — Le prince de Gueldre menaçant son père. J. 137.
— Le patriarche Jacob, 139. 2 p.

352 — Mlle Clairon, actrice de la Comédie-Française, beau portrait. Superbe ép. Marge. J. 140.

353 — Dorothée-Louise Viedebandt, femme de G.-F. Schmidt. J. 142.

354 — La mère de Rembrandt. J. 145. Superbe ép. Marge.

355 — La Vieille aux lunettes, dite la mère de Rembrandt. Très-belle ép.; le titre est coupé.

356 — Résurrection de la fille de Jaïre. Très-belle ép. J. 165.

357 — Présentation au Temple. Très-belle ép. J. 167.

358 — La Vierge, Jésus et saint Jean, d'ap. Van Dyck.
J. 176.

359 **Schouman**, 1766. M. Colins, chargé de l'entre-
tien général des tableaux du roi, d'ap. Vanloo.
Joli petit portrait très-rare et très-curieux.

360 **Schuppen** (Van). Louis de Pontlis, d'ap. Ph. de
Champagne. Joli petit port.

361 — Pierre de Marca, archevêque, d'ap. Vanloo.
Belle ép.

362 — Franç. Pithou, jurisconsulte.

363 **Schut** (Corneille). Vierges, Saintes Familles. 8 p.

364 **Scherwin**. Joshua Reynolds, peintre. Sup. ép.
avant l. l. Beau port.

365 **Silvestre** (N.-C.), d'ap. Dumont le Romain,
Filant tranquillement sans soin du lendemain.
Belle ép.

366 **Simonneau**. Jules Hardouin Mansart, d'ap. de
Troy.

367 — Élisabeth Charlotte, palatine du Rhin, d'ap. Rigaud. Beau port.

368 **Smith**. Grinlin Gibbons, sculpteur, d'ap. Kneller.
Sup. ép., manière noire.

369 — D'ap. Gainsborough. Georges, prince de Wales,
en pied.

370 **Surugue**. L'Hiver. Charmante dame avec son
manchon. Très-belle ép.

371 — Le père de Rembrandt. Belle ép.

372 — Louis de Boulogne le père, peintre.

373 — Mᵐᵉ de *** en habit de bal (Mouchy). Charmant
et gracieux port. rare.

374 **Tardieu**. Louise-Augustine Wilhelmine Amélie,
reine de Prusse, d'ap. madame Lebrun.

375 — Bon de Boullongne, peintre; d'ap. lui-même.
Belle ép. Marge.

376 — Robert le Lorrain, sculpteur. 2 p.

377 — Marie Leczinska, d'ap. Nattier. Très-belle épr.
d'un superbe port. rare.

378 **Téniers** (d'ap.). Le Musicien flamand, le Viel-
leur, saint Antoine, Philosophes bachiques, Téniers
et sa famille, Fêtes de village, le Déjeuner flamand,
par Tardieu avant l. l. 9 p. Pourra être divisé.

379 **Thomassin**. Ch. Cignani, peintre. Belle ép.
Marge.

380 — Lalande, surintendant de la musique du roy,
d'ap. Santerre. Belle ép.

381 — Jean Thierry, sculpteur, d'ap. Largillière. Belle
ép. toute marge.

382 — Louis, dauphin de France. d'ap. Tocqué. Très-
belle ép. d'un grand et beau portrait en pied.

383 **Troost** (d'ap.). Corps de garde d'officiers hollan-
dais.

384 **Vaillant** (W.) Portrait de jeune dame, d'ap. Titien. Belle ép., manière noire.

385 **Vanloo** (d'ap.) La Sculpture, par Fessard.

386 — La Comédie, par Salvador.

387 — Énée et Anchise. — Le Satyre indiscret. 2 p.

388 — Mme de Sabran tenant un oiseau. 2 port. diffé-
rents par Chereau.

389 **Vernet** (d'ap. C.). Les Jockeys montés, la Course,
etc. 4 p.

390 **Vignon** (Claude), artiste tourangeau. Les mira-
cles de Notre Seigneur Jésus-Christ. 13 p. Très-belles
ép. R. D. 3 à 15.

391 **Visscher** (C.), d'ap. Brouwer. Le Joueur de
violon. Belle ép.

392 — La Fricasseuse, les Patineurs, etc. 3 p.

393 **Visscher**, d'ap. Ostade. Le Joueur de vielle, et
autres. 4 p.

394 **Voyez.** La Coquette, charmants costumes Louis XVI. Ép. rognée.

395 **W. D.**, etc., sculpt. Le Marché conclu, d'ap. S., publié à Londres, 1777. Jolie pièce.

396 **Walker.** Henri Raeburn, peintre, d'apr. lui-même. Très-belle ép. d'un beau port

397 **Watteau.** L'Homme accoudé. R. D. I. et autres pièces, d'ap. lui. 6 p. à l'eau-forte.

398 — Le Qu'en dira-t-on. — Partie de chasse. 2 p.

399 — Saint Antoine. — Sainte Famille. 2 p. Belles ép.

400 — Retour de campagne. — Escorte d'équipages. 2 p. Superbes ép.

401 — Le teste à teste. Superbe ép., marge.

402 — Le Rendez-vous. Superbe ép., marge.

403 — L'Indifférent. Superbe ép., marge.

404 — La Villageoise. Superbe ép., marge.

405 — Mezetin, par Audran et par Thomassin. 2 p.

406 — La Peinture (singe peintre). Rare, belle p.

407 — Le Chat malade, par Liotard.

408 — La Sérénade italienne, par Scotin.

409 — La Famille, par Avelino. Superbe ép. avant l. l.

410 — L'Accord parfait. Superbe ép., marge.

411 — La Cascade, par Scotin.

412 — Fêtes vénitiennes, par Cars. Superbe ép.

413 — Le Rendez-vous champêtre, par J.-M. Liotard. Jolie petite pièce en travers très-rare. Jeune dame assise à terre vue de dos, et son amant couché à terre, causent ensemble dans un paysage.

414 — Bon voyage. — L'Aventurière. 2 p. par Crespy. Belles ép.

415 — Iris, c'est de bonne heure avoir l'air à la danse. Très-belle ép.

416 — Arlequin, Pierrot et Scapin. — Pour garder l'honneur d'une belle. 2 p.

417 — Départ des comédiens italiens en 1697, par Jacob.

418 — L'Occupation selon l'âge, par Dupuis. Très-belle épr.

419 — La Contre-danse, par Brion. Belle ép., marge.

420 — Amusements champêtres, par Audran. Superbe épr.

421 — Leçon d'amour, par Dupuis. Belle ép.

422 — L'Ile enchantée, par Lebas. Très-belle ép.

423 — L'Amour au Théâtre-Français — et au Théâtre-Italien. 2 p. par Cochin.

424 — L'Ile de Cythère, par Picot.

425 — Arabesques, etc. 4 p.

426 — Les Plaisirs du bal, par Scotin. Grande et belle composition.

427 — L'Accordée de village, par Larmessin. Grande et belle composition. Belle ép.

428 — La Mariée de village. — L'Accordée de village. Très-belles ép. rognées.

429 **Wateau** fils, 1776 (d'ap.). Le peintre Lantara dans sa chambre parlant à ses oiseaux. Très-rare.

430 **Waterlo.** Pan et Syrinx. B. 128.

431 — Le Rocher percé. B. 3. — L'Homme et la Femme traversant le ruisseau. B. 109. 2 p.

432 **Watson.** Claude-Louis-Fr. de Régnier, comte de Guerchy, de Nangis, etc., d'ap. Vanloo. Très-belle ép. manière noire.

433 **Weirotter.** Paysages et sujets. 5 p.

434 **Wielh.** Marche de bagages, halte d'officiers. Très-belle ép. toute marge.

435 **Wille** (J.-G.). Sœur de la bonne femme de Normandie.

436 — Repos de la Vierge, d'ap. Dietricy.

437 — Poisson, marquis de Marigny.

138 — J.-B. Massé, peintre. Marge.

139 — Maurice de Saxe.

Toutes ces pièces de Wille sont belles ép.

440 **Wille** fils, 1770. Jeune fille tenant une lettre; une vieille, placée derrière elle, lui fait comprendre sa lecture avec son doigt levé. Jolie eau-forte du maître extrêmement rare.

441 **Wille** fils (d'ap.). Tom Jones. — Le Joueur. 2 p.

442 — La Mère Brigide et autres. 3 p.

443 **Vignettes** diverses. 18 p.

444 — Ports d'Angleterre. 28 p.

445 **Portraits** divers. 120 p. Sera divisé.

446 — d'artistes. 21 portr. Sera divisé.

447 Eaux-fortes diverses. 15 p.

448 Écoles flamande et hollandaise, etc. 16 p.

449 École flamande, d'ap. Rembrandt, Téniers. 5 p.

450 École française, divers. 31 p.

451 École italienne. 17 p.

452 Paysages divers, Gessner, etc. 15 p.

453 Sujets d'animaux, d'ap. Berghem, C. Dujardin, Oudry. 10 p.

454 Sujets religieux, Vierges. 20 p.

455 Études de paysages et académies. 12 p. 2 lots.

DESSINS

—⋘⋙—

450 **École française.** Académies d'homme à la sanguine, 2 p. dans le goût de Vanloo.

457 — Paysages à la mine de plomb, 3 p.

458 — Paysages à la sépia, 2 p.

459 — Paysages à l'aquarelle, 3 p.

460 **Gravures chinoises.** Pièces curieuses sur les coutumes du pays, 5 p. coloriées.

461 **Peintures chinoises** de fleurs sur des feuilles d'arbres transparentes, 8 p. dans un porte-feuille en étoffe, avec feuilles de papier de Chine. Curieux.

—⋘⋙—

www.ingramcontent.com/pod-product-compliance
Lightning Source LLC
Chambersburg PA
CBHW060809280326
41934CB00010B/2615